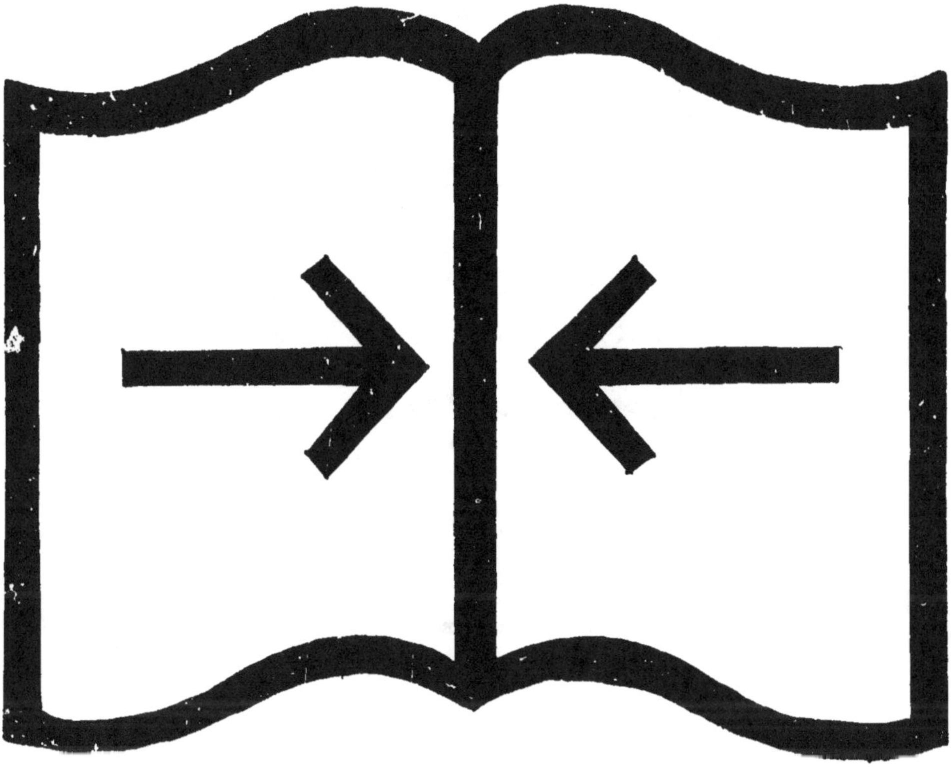

RELIURE SERRÉE
ABSENCE DE MARGES INTÉRIEURES

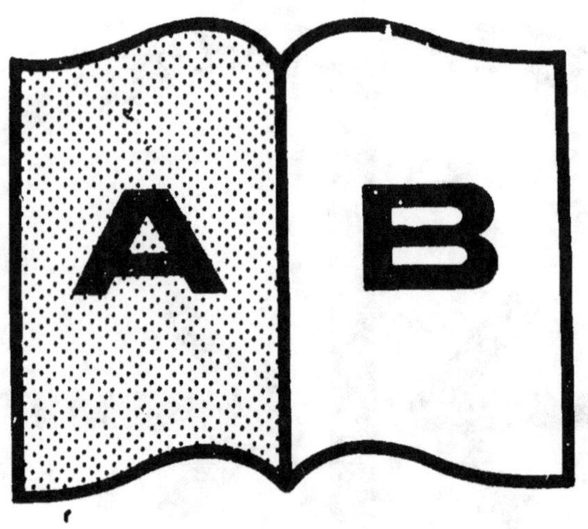

Contraste insuffisant

NF Z 43-120-14

CONTRASTE INSUFFISANT

PARTIEL

SULLY

1788

SULLY.

BIBLIOTHÈQUE DU JEUNE AGE

ÉDOUARD PETIT
PROFESSEUR AGRÉGÉ DE L'UNIVERSITÉ

SULLY

PARIS
LIBRAIRIE GÉNÉRALE DE VULGARISATION
9, RUE DE VERNEUIL, 9

SULLY

Dans Sully, le rébarbatif compagnon de Henri IV, il y a deux hommes, comme il y a deux parties dans sa vie. C'est d'abord le camarade du prince navarrais, qui mène une vie aventureuse à la suite de Henri, qui donne de grands coups d'épée, et qui aide son chef à conquérir un royaume; c'est ensuite l'ami, le conseiller, le ministre du roi de France qui se signale par ses réformes financières et qui, dans la paix, aide son roi à mettre en état cette royauté française récemment arrachée aux ambitions rivales. Mais soit sur les champs de bataille, soit dans les conseils, qu'il guerroie ou qu'il médite, Sully toujours bourru, toujours grognon, ne varie pas dans sa conduite. Il y a dans sa vie une unité évidente, une idée qui domine tout. Sully, avant et après son entrée au ministère, fait ses petites affaires, arrondit largement sa bourse, ne travaille jamais pour rien, mais il ne sépare pas ses intérêts des intérêts de son roi et de sa patrie, et il les identifie même si habilement, qu'on ne saurait les démêler. Ambitieux, il désirera sans cesse de nouvelles dignités, il voudra accroître son influence et ses prérogatives. Mais si sa personne gagne des titres et des faveurs, à chacun des honneurs décernés au ministre correspondra un bienfait et un honneur pour la patrie. Sully se rend volontiers service à lui-même, mais c'est un loyal serviteur de la France.

La première partie de son existence donne une idée des tribulations que subissait, au xvi° siècle, un gentilhomme que le hasard des circonstances avait jeté au milieu des guerres civiles. Ce ne sont que luttes et combats, que sièges, que grands coups d'épée donnés ou reçus, qu'arquebusades et massacres. Maximilien de Béthune, baron de Rosny, naquit en 1560 au château de Rosny, non loin de Mantes. Il descendait des comtes de Flandre par sa famille, qui était fort puissante. Mais il eut le désagrément de n'arriver au monde que le cadet, et comme tel il lui fallut gagner fortement une position, conquérir sa place au soleil, car l'argent, les prérogatives des familles allaient toujours à celui qui s'était donné la peine de naître l'aîné. De plus, Maximilien était protestant. Pratiquer le protestantisme aujourd'hui est chose fort permise et très naturelle, mais au xvi⁰ siècle il y avait des inconvénients « à être de la religion ». Il convient de rapprocher la date du jour où Maximilien vint au monde de certaines dates connues de notre histoire. Henri II était mort en 1559. Son fils François II lui succéda et s'éteignit en 1560. Au même moment, Charles IX enfant monta sur le trône, et exerça l'autorité sous la régence d'une étrangère, Catherine de Médicis. Enfin, en 1562, après le massacre de Vassy, la guerre civile éclatait dans le royaume entre catholiques et huguenots.

Pris au milieu d'événements terribles et précipités, emporté par le flot des discordes fratricides, Maximilien commença jeune à peiner et à guerroyer. A onze ans, il fait la connaissance de Henri de Navarre, qui passe par Rosny. Il lui donne un gentil compliment, lui tire une jolie révérence, et s'attache à sa mauvaise fortune. Il l'accompagne à Paris. Au moment où éclate le massacre de la Saint-Barthélemy, le 24 août 1572, il est témoin des assassinats, et il en eût été la victime si un gros livre de messe placé sous son bras, ne l'eût préservé des agressions catholiques. Maximilien, très pratique dès ce moment, abjure le protestantisme. Il est vrai que sa conversion ne durera pas longtemps. A la première occasion, il s'échappe de Paris, et court la province avec Henri de Navarre. Dans la mêlée, il se montre excellent soldat, et s'attire force compliments : « Voilà, dit un jour son maître, un jeune gentilhomme de bonne maison; il a un fort gentil esprit, et croyez que s'il vit, il fera un jour quelque chose de bon, ou je serai fort trompé. » Entre deux combats, Maximilien abjure le catholicisme. En 1580, l'on est au plus fort de la guerre entre ligueurs et huguenots, et Sully se distingue par sa bravoure. Au siège de Cahors, il prend part à ce fameux assaut qui dura cinq jours et cinq nuits. Puis, subitement, il court en Flandre pour recueillir un héritage et ne l'obtient pas. Aussitôt, il revient auprès de Henri, et l'aide de ses conseils. Il contribue, pour sa large part, en 1587, au succès de Coutras. Il se montre artilleur de première force, et prélude par un succès éclatant à son futur rôle de grand maître de l'artillerie. Il aide ensuite Henri de Navarre et Henri de France à se réconcilier quand le roi a quitté Paris, chassé de sa capitale par la journée des Barricades. Il assiste au premier siège de Paris en 1589. A la bataille d'Arques, il a un cheval tué sous lui. En 1590, il est blessé à Ivry; il perd ses armes dans la mêlée, et pourtant il a la bonne fortune de faire des prisonniers. Henri est enchanté de son serviteur, et renouvelant une cérémonie des vieux temps, le nomme chevalier devant tous les seigneurs. On le revoit ensuite au siège de Paris, où, sur les hauteurs de Montmartre, il se réjouit des illuminations allumées par les arquebusades de son prince ; à Rouen, où il reçoit à la lèvre une blessure dont il ne se guérit jamais. Après la bataille, il ne cesse de conseiller Henri. Il le presse, bien que protestant lui-même, de se faire catholique. Il est tel de ses entretiens dans les *Économies royales* qui ne laisse pas que d'être fort intéressant. Il souffre de voir les maux qui accablent le royaume, et ne trouve un remède que dans la conversion de Henri. Mais s'il donne un avis en matière religieuse, il n'en contribue pas moins à s'occuper de Dreux, dont il fait sauter le château par une mine bien placée. Après la conversion de Henri, Sully est employé comme diplomate à ramener des ligueurs ; il achète de Villars, le gouverneur de Rouen, trop cher à son sens, mais il l'achète. Quand Henri IV entre dans sa capitale, il est aux côtés du roi ; il a été à la peine, il a le droit d'être à l'honneur. Bientôt après, la faveur royale le fait sortir de son obscurité. Il est admis au Conseil des finances « pour couper, comme disait Henri IV dans son pittoresque langage, bras et jambes à dame Grivelée, la Rapace ». Membre du Conseil des finances, Sully se remue, se donne beaucoup de mal, et finit par chasser de l'assem-

blée ses collègues. Après la reprise d'Amiens,
dont la gloire lui revient en grande partie, après le
traité de Vervins, après la publication de l'édit de
Nantes, voyons-le à l'œuvre dans les conseils,
comme nous l'avons suivi sur les champs de bataille. Le rude batailleur, redoutable aux ennemis,
va devenir l'infatigable travailleur, que souvent le
roi surprendra, la tête dans les livres de compte
à partir de trois heures du matin. L'homme de
guerre fera place à l'homme de cabinet. Non qu'il
doive s'enfermer à perpétuité dans un bureau, et
laisser son épée se rouiller oisive à son côté. Il
prendra encore une fois les armes, et bombardera
de la belle façon Montauban et Château-Dauphin en
1600, dans la lutte contre le duc de Savoie. Une
fois aussi, il sera utilisé comme ambassadeur. Il
ira à la cour de Londres, et par ses flatteries, par
son titre de huguenot, gagnera à la cause de
Henri IV l'incertain Jacques Ier : il saura l'amener
à une alliance avec la France contre la maison d'Autriche. Mais, sauf dans ces deux occasions, Sully
remplacera l'épée par la plume, et de bon soldat se
transformera en non moins bon ministre. La méta-
morphose s'opère vers l'année 1598.

II

Et d'abord quels sont les titres de Sully? Dès le siège d'Amiens, il est le maître du conseil. En 1599, il obtient le poste de surintendant des finances. Peu à peu, d'autres charges viennent à lui : il devient surintendant des bâtiments et fortifications, grand voyer de France, grand maître de l'artillerie. Aux fonctions s'ajoutent les honneurs : il est gouverneur du Poitou; en 1606, il est duc de Sully et pair de France; enfin il obtient sa nomination au poste de capitaine et gouverneur du château dela Bastille.

Il convient de le suivre dans les différentes et multiples charges où se déploie son ardente activité.

FINANCES

Les finances sont le principal objet des travaux
de Sully. Avant lui, l'état des ressources est déplorable. Une bonne partie du domaine royal, c'est-
à-dire des terres appartenant à la couronne, était
passée en des mains étrangères, et même dans les
mains des étrangers. Elisabeth d'Angleterre, entre
autres, etait possessionnée en France. Les impôts
ne rentraient pas ; ils étaient affermés à des financiers qui retenaient la meilleure part du revenu
dans leurs caisses. La dette se montait à 345 millions. En 1599, le peuple payait 47 millions, qui en
vaudraient aujourd'hui près de 200, et le roi n'en
recevait guère que 25. Encore fallait-il en retran-
cher 19 chaque année, pour faire honneur aux
rentes dues par l'État. On vivait au jour le jour,
sans souci du lendemain. Le gouvernement deman-
dait-il de l'argent aux particuliers : chacun se mon-
trait défiant et ne prêtait qu'à gros intérêts. Quelle
était, en effet, la garantie d'une restitution assurée ? Quand il fallait rembourser aux prêteurs
leurs avances, le roi, pour les payer, autorisait les
créanciers à lever par eux-mêmes tel ou tel impôt
dans une ville ou dans un pays. L'aliénation de

l'impôt formait un digne pendant à l'aliénation du domaine! De plus, le roi n'avait pas achevé de dompter la guerre civile. Il était besogneux; il lui fallait de beaux et bons deniers pour acheter des seigneurs récalcitrants, pour forcer une place, pour satisfaire ou un caprice ou un plaisir. La gène royale n'était pas une des moins tristes charges qui pesaient sur le trésor. Sully aura beau regimber, défendre énergiquement le bien de tous contre les largesses du maître, il cédera souvent, et desserrera les cordons de la bourse.

Sully, en présence d'une si triste situation, ne commence pas par des réformes; il emploie des expédients qui auront pour effet de faire entrer quelque argent dans le trésor, en attendant qu'il puisse recourir à des moyens plus sérieux.

Il parcourt d'abord tout le pays, vérifie les registres, se fait rendre compte des plus petites sommes, contraint les habitants et les fermiers généraux à « rendre gorge », et, sur ses charrettes, rapporte à Paris 450,000 écus.

Il se fait féliciter de ce premier résultat dans ses *Économies royales :* « De toutes lesquelles sommes ainsi par vous recouvertes, vous fîtes dresser quatre petits bordereaux pour vos quatre généralités (la généralité est une circonscription financière), où étaient spécifiées par recettes et natures de deniers toutes les sommes par vous voiturées, et iceux signés par les huit receveurs généraux des deux années dernières comme leur ayant été mis ès mains par les receveurs particuliers ; lesquels bordereaux vous portâtes toujours sur vous et vous vinrent bien à propos... Vous aviez un équipage de soixante et dix charrettes chargées, pour ce que vous aviez été contraint de prendre quantité de monnaie ; à la suite desquelles étaient les huit receveurs généraux accompagnés d'un prévôt et de trente archers pour l'escorte. »

Les mesures plus profondes et plus larges adoptées par Sully pour remédier au mal peuvent entrer dans un plan assez nettement tracé :

1° Sully s'applique à recouvrer la perception des impôts abandonnés aux créanciers et la possession des domaines cédés ou usurpés ;

2° Sully cherche à augmenter les recettes ;

3° Sully cherche à diminuer les dépenses (1).

1° Comment le surintendant s'y prend-il pour réaliser la première partie de son plan? comment coupe-t-il court à l'aliénation des impôts et des domaines?

La combinaison fut adroite. Les impôts aliénés rapportaient plus d'argent que n'en devait l'État. Un créancier affermait l'impôt qu'on lui avait cédé à un agent, qui, lui, faisait des bénéfices, mais n'en

_____

(1) *Sully*, par E. Lavisse.

faisait pas profiter le vrai maître. Sully assure
aux créanciers le revenu qui leur est dû et qu'ils
retireraient de leur gestion particulière, et bénéfi-
cie de la différence. Le surplus, le profit des ac-
quêts revient au roi.

Quant aux domaines, il en chasse les usurpateurs, il fait rendre les terres engagées, et rembourse la dette de la royauté ;

2° Quel système emploie-t-il pour augmenter les
recettes ? Les impôts s'affermaient. « Entre le roi et
le peuple, dit Sainte-Beuve, il y avait alors les
fermiers généraux, et ceux-ci, à qui étaient faites
les adjudications générales dans le conseil du roi
ou devant les trésoriers de France, sous-louaient
à des sous-fermiers, desquels ils tiraient presque
deux fois autant qu'ils avaient payé eux-mêmes.

Rosny ferma la main aux fermiers généraux, fit
défense aux sous-fermiers de ne leur plus rien
payer, leur ordonna de rapporter leurs sous-baux,
et de verser directement au Trésor les sommes qui
faisaient auparavant un grand tour, et qui allaient
diminuant en chemin (1). » Les fermes a l'avenir seront mises aux enchères. Les fermiers ne traite-
raient plus secrètement avec les membres du Conseil des finances, mais devraient, dans le même
moment, proposer leurs offres. « Il met un terme

(1) *Causeries du lundi*, t. VIII.

à cette espèce de féodalité et à cette usurpation consentie dans les impôts du roi. »

Les impôts directs ne s'affermaient pas ; mais ils étaient en proie aux malversations des agents royaux. Sully se montre d'une implacable énergie à l'égard des fonctionnaires dilapidateurs. Il vérifie leurs comptes. En 1601, il institue un tribunal pour rechercher et punir les détournements des receveurs et trésoriers. Des poursuites sont même commencées, mais le roi, circonvenu par des amis, donne l'ordre de les suspendre.

Le désordre qui régnait dans la comptabilité rendait le vol facile. Aussi Sully contraint-il les receveurs généraux et particuliers à tenir des registres bien dressés, à inscrire au jour le jour recettes et dépenses ; on pouvait ainsi vérifier rapidement les chiffres.

C'était déjà un moyen d'accroître les revenus. Sully en imagina d'autres. La taille, ou l'impôt direct, n'était dû que par les non-nobles. Mais à la faveur des guerres civiles, beaucoup de paysans et d'artisans avaient fait précéder leur nom d'une particule et ne payaient plus la taille. Elle n'en pesait que plus lourdement sur le peuple, qui ne s'était pas affublé de ces titres nobiliaires. Sully poursuit les usurpateurs, et les force à rentrer dans leur roture primitive et dans le droit commun.

Parfois les gouverneurs, vrais roitelets dans

leurs provinces, allaient jusqu'à lever des impôts
sans y être autorisés. Sully les en empêche. La besogne est souvent malaisée. Il rencontre des résis-
tances. Il se heurte un jour à d'Épernon, et comme
il reste toujours chez le ministre un vieux levain de
guerrier en fermentation, il menace le duc de se
battre en duel avec lui s'il n'obtempère pas à ses
ordres vivement. Dans les grandes circonstances,
la main qui maniait la plume avec tant d'adresse
avait d'irrésistbles démangeaisons de manier à
nouveau la vieille épée du soldat et du huguenot.

3° Sully déploie la même activité dans la diminu-
tion des dépenses. La dette publique est énorme pour
l'époque : 345 millions ! Les rentes que l'on paye
aux particuliers sont exagérées; l'on en paye
même à des hommes qui n'ont en main que des
titres frauduleux. Sully rentre en possession des
titres, rembourse le capital. Il sait que les fournis-
seurs en passant leurs marchés corrompent les
conseillers pour obtenir des concessions avanta-
geuses : il passe les traités lui-même.

Quelques chiffres sont nécessaires pour faire
comprendre et le temps et l'homme.

Il parvient à payer 100 millions de dettes.

Il rachète 35 millions de domaines aliénés.

Il a chaque année à sa disposition, après avoir
payé toutes les charges de l'Etat, 30 millions ; avant
lui le trésor ne pouvait en dépenser que sept.

Et cependant il construit une flotte, il bâtit des arsenaux, il amasse un trésor de guerre s'élevant à 20 millions, et il entasse 16 millions dans les caves de la Bastille!

C'était là de belle et bonne besogne! L'on a trop répété que Sully n'était guère qu'un financier économe; qu'il administrait les impôts comme ses propriétés, et qu'il n'avait pas l'esprit large et ouvert. Il est vrai que Sully n'a rien trouvé de nouveau, il faut en convenir. Mais est-il bien nécessaire, quand on est maître des finances, de se creuser l'esprit pour imaginer des combinaisons originales? Que de fois dans notre pays nous avons vu des réformateurs qui, emportés par un inutile élan, changeaient tout, renversaient tout, faisaient table rase du passé et, après avoir aboli les traditions, ne pouvaient pas appuyer leur système et leur théorie sur de solides fondements. Les rêveurs et les songe-creux ont abondé de tout temps. Combien avons-nous eu de Sully? Combien d'hommes, au sortir de leur gestion, n'ont pas liquidé leur situation en déficit? L'exactitude, l'esprit de suite, de travail et de probité, les petites économies réalisées au jour le jour, sont bien quelque chose. L'on affirme que Sully aurait dû réformer la taille, la supprimer même, qu'il aurait pu attaquer la gabelle; c'est bon à dire aujourd'hui. Mais convient-il de juger les hommes d'autrefois avec les idées présentes? Non certes, il faut se replacer dans leur milieu, par la pensée.

Aussi bien Sully ne s'est pas toujours contenté de suivre les sentiers battus; il a essayé de se frayer une nouvelle route. Les *Économies royales* sont pleines d'aperçus originaux et d'excellentes inventions. Sully a songé à remplacer la taille par les impôts indirects qui pesaient sur tout le monde ; il a modifié la gabelle, il l'a réglementée, il l'a disciplinée, et il l'a rendue moins dure au peuple.

Il est vrai qu'il a créé un impôt; mais le lui a-t-on assez sévèrement reproché! C'est lui qui a constitué la Paulette. Tout magistrat pouvait léguer sa charge à son fils moyennant un droit annuel du soixantième de la charge : l'impôt porte le nom du financier Paulet, qui le proposa à l'État. L'on en veut à Sully d'avoir par la Paulette régularisé la vénalité des charges. L'on se prend à regretter qu'il n'ait pas aboli une institution aussi vicieuse. — Mais avait-il qualité pour l'abolir? Et qui, à la fin du xvie siècle et au début du xviie, aurait pu être assez fort pour résister aux préjugés et pour courber toutes les têtes privilégiées sous le même niveau égalitaire ? Celui-là est vraiment un bon ministre qui ne songe pas à rayer les faits établis, d'un trait de plume, mais qui, tenant compte des hommes et des choses, se sert des éléments qu'il a sous la main, en tire le meilleur parti possible, les améliore peu à peu, les restreint lentement, et n'attend leur suppression que du temps, des événements et de l'opinion publique ! Vienne une autre époque, naissent d'autres hommes, et les institutions du passé s'évanouiront d'elles-mêmes sous le souffle des mobiles et irrésistibles idées ! Mais que l'on n'attende pas d'un individu, si puissant soit-il, ce que ne peuvent et ne doivent donner que les circonstances historiques et les mœurs d'un peuple ! Il n'y a donc pas de restrictions à faire à l'éloge de Sully financier. Ce qu'il a fait, il l'a bien fait, et ne pouvait le faire autrement.

SULLY GRAND VOYER DE FRANCE

En même temps que ministre des finances, Sully exerçait la grande voirie de France. Il était une sorte de maître des travaux publics. Il s'occupe dés ponts et chaussées. Les communes cessaient d'entretenir les routes ; il les force à les réparer. Du reste il les aide avec les fonds publics. Le long des chemins il fait planter des ormes, et dans bien des contrées l'on appelle ces arbres, de nos jours encore, des Rosny. Il rétablit les ponts de la Loire emportés par une crue subite. Il reconstruit sur la Seine le pont de Rouen, qui s'est écroulé. Il a de vastes projets de canalisation fluviale : il songe au

canal des deux mers (de la Méditerranée à l'Atlan-
tique). Il étudie le tracé d'un canal entre la Saône
et la Loire, qui ne sera creusé qu'au xviiie siècle. Il
construit le canal de Briare entre la Seine et la Loire,
à l'aide du Loing, affluent de la Seine. Les coches
pour le service des voyageurs ne sont qu'au nombre
de trois ; il les multiplie. Il étend le plus possible
aux particuliers le service des postes, inventé par
Louis XI pour les besoins de l'État. Son ordonnance
de mars 1597 est admirable en tous points. Il en-
joint qu'on établisse des chevaux de relais le long
des routes pour servir au labourage et au service
des voitures par terre : il crée une administration
des relais. Mais bientôt une difficulté se présente ;
les relais tuaient les postes ; aussitôt Sully unit les
deux administrations, qui vont sans cesse prospérant
et s'agrandissant. Les transactions, les voyages sont
rendus de la sorte plus aisés ; mais sur les rivières
les péages sont successifs et entravent le passage des
marchandises : Sully rachète certains droits et ré-
glemente les autres.

SULLY GRAND MAITRE DES BATIMENTS

Le rôle de Sully comme grand maitre des bâtiments est moins efficace. Il a le titre de la charge,

mais il a peur des grosses dépenses qu'elle en-
traîne pour le royaume. Il trace volontiers le plan
des forteresses et bien à contre-cœur, en rechignant,
le plan des châteaux et des palais. Il s'empresse
peu à construire la place Royale, à paver les rues
de Paris aux frais de l'État. Il contrarie les goûts
du roi, qui désire embellir la capitale et la couvrir
de monuments ; il leur résiste, et gronde, et s'em-
porte. Mais s'agit-il des fortifications ? Sully devient
un autre homme ; il s'adoucit tout à coup ; à la
fâcherie succède la bonne humeur et il donne l'argent à pleines mains. S'agit-il surtout d'armer les
fortifications de canons ? Sully est alors tout à fait
généreux.

SULLY GRAND MAITRE DE L'ARTILLERIE

Sully en effet est grand maître de l'artillerie. La maî-
trise, il l'avait obtenue après bien des coquetteries,
après bien des désirs et des demandes indirectes,
après l'avoir achetée même, mais il l'avait obtenue,
et du jour où il l'exerça, il fit bien les choses. Sully
on se le rappelle, connaissait le métier : il avait plus
d'une fois allumé la mèche d'un canon et plus d'une
fois manié l'écouvillon. A peine a-t-il pris possession
de l'Arsenal, qu'il casse quatre à cinq cents officiers

d'artillerie qu'il reconnait incapables. Au-dessous de sa résidence favorite, il fait creuser des galeries où il entasse poudre, boulets et canons, et les montre fièrement à son maitre un jour que la trahison d'un seigneur le plongeait dans un amer désespoir : il accumula ainsi 400 canons !

III

C'est là le rôle officiel de Sully dans l'exercice direct de ses charges ; mais à côté de ses fonctions personnelles, en dehors de ses travaux spéciaux, que de choses il a accomplies, combien de services il a rendus ! Il est mêlé à tout, il entre dans tous les conseils du roi et y a voix délibérante ; son action est présente à l'armée, à la marine, dans les réformes qui concernent l'agriculture, le commerce et l'industrie. Il n'a aucun titre, et pourtant il prend part à toutes les mesures, il connaît tous les détails de toute l'administration.

Dans la réorganisation de l'armée, c'est Henri IV qui remplit presque toute la place ; mais là encore Sully l'aide. C'est Sully qui réalise des économies et qui parvient à payer au soldat une solde plus forte.

C'est Sully qui, en 1609, se livre à des recherches pour satisfaire un désir du roi, pour trouver des précédents à une chevalerie d'honneur rêvée par Henri IV. C'est Sully enfin qui fouille dans les vieilles ordonnances et y trouve des prescriptions pour la discipline, le campement, la formation des escadrons et des bataillons, pour l'ordre des combats. Et certes quand Sully s'occupait de l'armée, il ne devait regretter ni son temps ni sa peine. Il devait, en accomplissant sa chère besogne, se rappeler le jeune temps, et Coutras, et les prouesses d'antan !

Plus encore qu'au soldat, Sully pense au laboureur. Le laboureur ne devient-il pas en effet un bon soldat ? Sully disait à Henri IV que « labourage et pâturage étaient les deux mamelles qui alimentaient la France, les vraies mines et trésors du Pérou ». Les rudes hommes qui avaient trempé dans les guerres civiles se portèrent vers la culture de la terre. Olivier de Serres encouragea le mouvement par son *Traité d'agriculture et ménage des champs :* Sully réveilla aussi l'amour de la campagne. Il aida le paysan en allégeant la taille, en faisant remise de nombreux arrérages, en multipliant les voies de communication.

Il défendit les grains et les produits de la terre contre les entraves et contre les prohibitions. Il fut libre échangiste, et tint pour la liberté du commerce des blés. Avant les physiocrates et les éco-

nomistes du xviii° siècle, il aurait pu dire le fameux :
« Laissez faire, laissez passer. » Le Parlement du
Languedoc défend-il de laisser sortir le blé de province : Sully le dénonce au roi. Un magistrat de
Saumur interdit-il de vendre le blé à l'étranger :
Sully s'adresse à Henri IV et lui dit : « Si chaque
officier en faisait autant, votre peuple serait bientôt
sans argent et, par conséquent, Votre Majesté. »
Et le roi répond : « J'ai trouvé fort mauvaises les
défenses faites par le juge de Saumur ; c'est une
grande hardiesse qu'il faut réprimer. »

Sully, défenseur des libertés commerciales, favorisa beaucoup moins l'industrie. Il en veut à Henri IV
pour ses dépenses en faveur des usines et des ma-
nufactures. Il voit mal volontiers qu'on appelle
d'Italie des ouvriers pour tisser la soie. « L'éco-
nomie politique de Sully, dit Sainte-Beuve, res-
semble à bien des égards à celle de Caton l'ancien. Il a un jour avec Henri IV une conversation
très curieuse sur la culture des muriers et les ma-
nufactures de soie, que Henri IV veut introduire
en France : ces menus plaisirs du roi paraissent
peu solides à Sully. Il croit qu'il ne faut forcer ni
les climats, ni la nature des choses. Les princi-
paux produits de la France consistent, dit-il, en
grains, légumes, vins, pastels, huiles, cidres, sels,
lins, chanvres, laines, toiles, draps, moutons, pour-
ceaux et mulets : la vraie source des richesses pour

la France, la matière du travail est là, il faut s'y
tenir. Il voit dans cette nouvelle industrie des soies,
« plutôt méditative, oisive et sédentaire », une
cause d'affaiblissement même au moral; il craint
que cet emploi d'un nouveau genre ne désaccou-
tume la population de la vie laborieuse et pénible,
qui est propre à former de bons soldats. Il en revient toujours à ses projets de lois somptuaires,
pour arrêter le luxe et forcer la bourgeoisie, les
gens de justice, police, finance, d'écritoire (c'est
tout dire), « qui sont ceux qui se jettent aujourd'hui
le plus sur le luxe, à rétrograder jusqu'aux mœurs
de Louis XII ou de Charles VIII et de Louis XI ».
Sully, par les mêmes principes, n'est point pour
les colonies; il n'augure rien de bon de celle du
Canada, dont il est question alors... Il estime ces
sortes d'entreprises lointaines disproportionnées au
naturel des Français, « qui ne portent ordinairement leur vigueur, leur esprit et leur courage qu'à
la conservation de ce qui les touche de près ».
Henri IV ne s'arrêta pas aux objections, aux répu-
gnances et à l'opposition de Sully, et il fit bien. Du
reste, Sully, malgré qu'il en eût, favorisa le progrès
de l'industrie par ses idées sur la liberté commerciale.
De plus, il fut employé à des négociations qu'il sut
mener à bien. Il signa, non sans peine, un traité de
commerce avec l'Espagne, un autre avec l'Angleterre:
toutes choses qui allaient à l'encontre de ses opinions.

IV

Après avoir montré dans Sully le batailleur, le ministre, on risquerait fort de ne pas le faire connaître suffisamment, si l'on ne pénétrait pas un peu dans l'étude de son caractère, dans sa vie intime.

Sully est le confident du roi, son sincère ami. Il connaît toutes les intentions de Henri IV, même ses rêves. On a souvent discuté pour savoir si le fameux grand projet, le fameux grand dessein était de Henri IV ou de Sully. Il s'agissait de dompter la maison d'Autriche, d'unir les États de l'Europe en une vaste association dirigée par un tribunal, d'abolir la guerre, etc. etc. Il est probable que la première idée du plan est de Henri IV et que Sully la développa. La pensée du roi « semble avoir pris dans le souvenir de Sully et sous la plume de ses secrétaires, plus de consistance et d'enchaînement qu'elle n'en dut jamais avoir dans les libres conversations du monarque; l'on ne saurait y voir de la part de Henri IV que des saillies et des souhaits tels qu'un roi de grand esprit en jette en causant. »

L'intimité de Henri IV et de Sully n'allait pas, du reste, sans brouilles et sans discussions. Quelques-unes des fâcheries sont historiques, par exemple la scène qui éclata quand le roi voulut épouser Mlle d'Entragues. Sully déchire la promesse de mariage que lui montre son roi et le roi le traite de fou. « Il est vrai, Sire, répond Sully, je suis un fou et un sot, et je voudrais l'être si fort, que je le fusse tout seul en France. » Un autre jour (1607), Henri IV se rend à l'Arsenal et entretient le ministre de quelque projet nouveau. Il est désapprouvé et sort en murmurant: « Voilà un homme que je ne saurais plus souffrir; il ne fait jamais que me contredire et trouver mauvais tout ce que je veux; mais, par Dieu! je m'en ferai croire et ne le verrai de quinze jours. » Le lendemain matin, dès sept heures, il entrait de nouveau à l'Arsenal sans être attendu. Il frappe à la porte du cabinet de Sully: « C'est le roi! » Il entre avec cinq ou six de ses familiers et trouve Sully au travail devant une masse de mémoires et de lettres, qu'il était en train d'écrire : « Et depuis quand êtes-vous là? dit le roi. — Dès les trois heures du matin, » répondit le ministre. — Eh bien, Roquelaure, dit Henri IV en

se retournant vers son plus facétieux courtisan,
pour combien voudriez-vous faire cette vie-là? —
Pardieu! Sire, répliqua celui-ci, je ne la voudrais
faire pour tous vos trésors. Du reste, les brouilles
profitaient à Sully, qui, à chaque raccommodement,
voyait augmenter sa fortune, se montant, en 1620,
à la somme prodigieuse de un million huit cent
quarante mille livres, dont il aurait pu établir sûre-
ment l'origine. Cependant un jour la brouille faillit
devenir sérieuse. Sully fut accusé de trahise . et dut
se justifier. Henri IV lui rendit ses faveurs et con-
clut l'entretien qu'il eut avec le ministre en disant
aux courtisans : « Je veux bien vous dire que j'aime
Sully plus que jamais, et qu'entre lui et moi c'est à
la mort, à la vie. » Les soupçons n'abandonnèrent
pas Henri IV. Étaient-ils fondés en raison? Proba-
blement non, mais Sully dut bien avoir quelques
légers torts. Il était fort prudent, plein de précau-
tions ; il comprenait que Henri IV, déjà menacé
plusieurs fois par des assassins, pourrait bien suc-
comber de mort violente, et il se ménageait en cas
de catastrophe des intelligences avec les princes
protestants d'Allemagne. Si, par hasard, il lui avait
fallu se jeter dans les flots des guerres civiles, il
aurait su vers qui nager. Rien pourtant ne confirme
cette conjecture, qui n'a de couleur qu'en raison du
caractère de Sully. Malgré ces brusques ruptures
et ces heurts fréquents entre le roi et le duc, ils

s'aimaient pourtant d'une rare affection. L'amour
de Sully pour son maître ne saurait être mis en
question ; mais l'amour du roi pour Sully n'était-il pas
refroidi par les incartades et les soubresauts de son
ministre ? Non certes. Il ne lui tint jamais rigueur des
rebuffades qu'il en subissait. Il a, du reste, fort bien
tracé le portrait de Sully dans une page, où il juge
à la fois les mérites et les travers de son serviteur :

« De l'un (de Sully) aucuns se plaignent et quelquefois moi-même, qu'il est d'humeur rude, impa-
tiente et contredisante, l'accusent d'avoir l'esprit
entreprenant, qui présume tout de ses opinions et
de ses actions, et méprise celles d'autrui ; qui veut
élever sa fortune et avoir des biens et des honneurs. Or, combien que j'y reconnaisse une partie
de ses défauts, et que je sois contraint de lui tenir
quelquefois la main haute quand je suis en mauvaise humeur, qu'il me fâche ou qu'il m'échappe
en ses fantaisies, néanmoins je ne laisse pas de
l'aimer, d'en endurer, de l'estimer et de m'en bien
et utilement servir, parce que d'ailleurs je recon-
nais que véritablement il aime ma personne, qu'il a
intérêt que je vive, et désire avec passion la gloire,
l'honneur et la grandeur de moi et de mon royaume ;
aussi qu'il n'a rien de malin dans le cœur, a l'esprit fort industrieux et fertile en expédients, est
grand ménager de mon bien : homme fort laborieux
et diligent, qui essaye de ne rien ignorer et de se

HENRI IV.

rendre capable de toutes sortes d'affaires de paix et de guerre ; qui écrit et parle assez bien, d'un style qui me plaît, pour ce qu'il sert son soldat et son homme d'État ; bref, il faut que je vous confesse que, nonobstant toutes ses bizarreries et promptitudes, je ne trouve personne qui me console si puissamment que lui en tous mes chagrins, ennuis et fâcheries. »

Comment l'intimité du grand roi et du grand ministre prit fin, chacun le sait. Sully était retenu à l'Arsenal par la douleur que lui causaient d'anciennes blessures. Henri IV veut le venir voir et le vendredi, 14 mai 1610, à quatre heures du soir, trouva la mort sur la route de l'Arsenal. Il est assassiné par le poignard de Ravaillac dans la rue de la Ferronnerie. Sully apprend la nouvelle. Aussitôt il court au Louvre ; mais en chemin il réfléchit, et ses réflexions le font revenir sur ses pas. Sully se met en sûreté derrière les murailles de la Bastille, à l'abri de ses canons. Il n'est pas inquiété dans sa vieille forteresse et voit venir les événements.

Il est d'abord en faveur auprès de la régente Marie de Médicis, mais il ne trouve chez le favori Concini que mécontentement et froideur. Rebuté, Sully se retire dans ses terres. Mais il n'a pas dit son dernier adieu à la politique ; il ne la boude que pour un temps. Il revient à la cour, mais il se heurte tout à fait à Concini, et sa retraite sera désormais définitive. Du reste, il sait habilement la rendre lucrative ; il se fait payer fort cher. Il vend ses charges à haut prix et dans mainte lettre, sur un ton aigre-doux, réclame le payement de ses pensions. Il conserve pourtant jusqu'au bout de sa carrière la chère surintendance de l'artillerie et le gouvernement du Poitou. Sous Louis XIII, lors du ministère de Luynes, il reparaît auprès du roi. On tourne en ridicule ses habits taillés à l'antique mode, la raideur de ses manières ; Sully se fâche et somme les bouffons de sortir. En 1634, sous Richelieu, qui est capable d'apprécier ses services, il est nommé maréchal de France à soixante-treize ans.

Pendant toute la dernière partie de sa vie, il réside à Rosny. Il y mène une existence de grand seigneur. Il a auprès de lui une véritable cour, des pages qui ne l'abordent qu'humblement, des gentilshommes ; il se donne des airs solennels.

Il veut sauver sa mémoire de l'oubli ; aussi écrit-il ou plutôt fait-il écrire ses mémoires. Le titre de l'ouvrage est singulier :

« Mémoires des sages et royales économies d'État, domestiques, politiques et militaires de Henri le Grand, l'exemplaire des rois, le prince des vertus, des armes et des lois, et le père, en effet, de ses peuples français ;

« Et des servitudes utiles, obéissances convenables et administrations légales de Maximilien de

Béthune, l'un des plus confidents familiers et utiles soldats et serviteurs du grand Mars des Français.

« Dédiés à la France, à tous les bons soldats et tous peuples français. »

Mais le titre n'est rien à côté de la chose même. Sully se fait raconter son histoire par ses secrétaires, qui ne s'adressent jamais à Monseigneur qu'à la troisième personne. « Monseigneur, Votre Grandeur ayant commandé à nous quatre, que vous connaissez assez, de revoir et considérer bien exactement certains mémoires que deux de vos anciens serviteurs et moi avons autrefois ramassés et depuis fort amplifiés, etc..., de toutes lesquelles choses nous nous sommes acquittés le mieux qu'il nous a été possible... » « Sully, dit Sainte-Beuve, se fait raconter et *ramentevoir* par ses quatre secrétaires les choses qu'il sait mieux qu'eux et qu'il leur a racontées ou laissé lire ; fidèle, même dans la familiarité, à son goût de hauteur et d'appareil, il se fait renvoyer ses souvenirs sous forme cérémonieuse, obséquieuse, et pour ainsi dire à *quatre encensoirs;* il assiste sous le dais et prête l'oreille avec complaisance à ses propres échos... Il met son amour-propre à laisser paraître en nombre autour de lui ses secrétaires comme d'autres le mettraient à les dissimuler et à les effacer. Richelieu, plume en main, est un historien, un écrivain, et y vise : Sully tient avant tout à ce que l'on ne

cesse de voir son grand état de maison, même
dans l'office et les charges de l'histoire. Il y fait
son entrée et sa marche avec cortège, dans une
ovation continue (1). »

C'est au sein de tant de pompe et de tant de
grandeur que Sully mourut en 1641.

C'est là, dans ses grandes lignes, la vie de Sully,
c'est là son œuvre. Mais comment juger l'homme et
sa *besogne* ? La chose est délicate : le caractère de
Sully est plein de contradictions ; ce qu'il a fait
pèche par bien des points.

Sully fut ambitieux ; Sully fut avide d'argent ;
mais il sut mettre son ambition au service de l'État
et, pour satisfaire son avidité, n'alla jamais jusqu'à
violenter sa conscience. Comme soldat, il a un courage et une énergie à toute épreuve ; comme ministre, il possède une qualité souveraine, l'ordre, et
il est doué d'une admirable puissance de travail.

La BESOGNE mérite aussi la louange. Il n'a pas
voulu des colonies, il s'est refusé à reconnaître les
bienfaits de l'industrie, mais il a régularisé les
finances et dans toutes les parties de l'administration, ce qu'il a fait, il l'a bien fait. Il demeure aux
yeux de la postérité comme le type du serviteur dé-
voué à l'État et au roi. Il n'est pas comme Richelieu supérieur au souverain, mais il complète ce
maître, qu'il aime presque autant que la patrie.

(1) *Causeries du lundi*, t. VIII.

Le roi de Navarre étant à Montauban, environ le
mois de mai ou juin 1580, fit dresser une entreprise
sur Cahors, dont l'exécution fut l'une des plus si-
gnalées prises de ville par pétard, sans aucune intelligence, qui se soit jamais faite : car la ville est
bonne, grande et tout environnée de rivières par
trois côtés ; dans laquelle, outre les habitants bien
armés, il y avait près de deux mille hommes de pied
et cent hommes d'armes étrangers, sous un gouverneur des plus braves et qualifiés gentilshommes de
la province, nommé de Vesins ; lequel avait été averti,
quatre ou cinq jours auparavant, que le roi de Navarre avait entrepris sur la place : car le dit avis fut
trouvé dans sa boîte, sur lequel il avait écrit de sa

main, par trois fois: *Nergue pour les Huguenots.*

Le roi de Navarre ayant passé par Montauban, Négrepelisse, Saint-Antonin, Cajarc et Sénevières pour rassembler toujours des gens, à cause que M. de Choupes, qu'il avait mandé, n'était pas encore joint; finalement ayant fait une bonne traite, il arriva, environ minuit, à un grand quart de lieue de Cahors : auquel lieu, dans un grand vallon fort plein de pierrotages, sous plusieurs touffes de noyers, où il se trouva une source qui vous fut un fort grand secours, car il faisait grand chaud, le temps éclatant, de toutes parts, de plusieurs grondements de tonnerre qui ne furent pas néanmoins suivis de grandes pluies; le roi de Navarre, faisant lui-même l'ordre de ses troupes, selon qu'elles devraient marcher, attaquer et combattre, donna dix soldats des plus dispos et fermes de courage de ses deux gardes aux deux pétardiers qui étaient, à ce que nous avons ouï dire, au vicomte de Gourdon ; car aussi c'était lui qui avait fait l'entreprise; après cela, marchait une troupe de vingt hommes armés et trente arquebusiers des gardes, commandés par Saint-Martin, capitaine des gardes : cette troupe était suivie d'une autre, à laquelle commandait M. de Roquelaure, composée de quarante gentilshommes de la cour du roi de Navarre, des plus déterminés, au premier rang desquels vous étiez, et soixante soldats des gardes du roi, lequel suivait après avec deux cents hommes armés, séparés en quatre, et mille ou douze cents arquebusiers, séparés en six troupes. Il fallut emporter trois portes à coups de pétards, et encore entr'ouvrir les trous qu'ils avaient faits à coups de haches ; d'autant que les hommes armés ne pouvaient entrer qu'à quatre pattes : dès l'entrée de la ville vous eûtes à combattre une troupe d'environ quarante hommes bien armés, ayant des hallebardes et pistolets, et environ deux cents arquebusiers ; car l'obscurité empêchait d'en bien juger, mais, au feu des salves d'arquebusades, on voyait que la plupart d'iceux étaient nu-jambes, n'ayant eu loisir de prendre leurs bas de chausses : les cloches faisaient un merveilleux bruit, sonnant l'alarme de toutes parts ; les voix un autre, criant incessamment : « Charge, charge », et : « Tue, tue » ; les arquebusades et cliquets d'armes un autre ; les tuiles, pierres, tisons et pièces de bois, que du haut des maisons l'on jetait sur vous, un autre ; et les bris des épées et froissis des piques et hallebardes un autre ; car, dès le premier combat, l'on en vint aux mains, jusqu'à se colleter les uns les autres, et dura cette mêlée plus d'un grand quart d'heure, durant laquelle vous fûtes porté par terre d'une grosse pierre, qui, ruée d'une fenêtre, vous tomba sur le casque, et fûtes relevé par le sieur de Berti chère et La Trape, qui combattaient près de vous.

Il se fit encore plus d'une douzaine de semblables

combats, en quelques-uns desquels le roi même se trouva, de sorte qu'il y rompit deux hallebardes, et furent ses armes trouvées marquées de quelques coups d'arquebuses ou pistolets et de plusieurs coups de main ; les vôtres n'en furent pas exemptes, et notamment à la troisième mêlée, lorsque l'on attaqua les barricades de la grande place, où étaient les pièces d'artillerie ; vos tassettes s'étant défaites, vous fûtes blessé d'un coup de hallebarde dans la cuisse gauche, qui ne vous empêcha pas néanmoins de vous trouver aux exploits, qui furent en grand nombre, n'y ayant quasi canton, place ou maison de pierre, où ceux de la ville ne se défendissent si obstinément, que vous fûtes près de cinq jours et cinq nuits avant que d'en être maîtres absolus.

Les trois dernières nuits, il y eut incessamment de grandes alarmes sur les bruits de secours mêlés d'arquebusades, voix, cris et tel tintamarre et confusion de toutes parts, que nous avons souvent ouï dire que vous n'aviez guère vu de choses plus dignes de remarque, pour être des plus belles et des plus effroyables tout ensemble ; et la ville étant de grand circuit, il n'était plus possible, vu le peu de gens de guerre qu'avait le roi de Navarre, qu'il pût plus faire faire partout les gardes nécessaires, tant vous étiez tous las, altérés, affamés et travaillés de sommeil, y ayant déjà trois jours et trois nuits que vous étiez armés, sans avoir entré en maison (car si l'on se fût amusé au pillage dès le commencement, tout était perdu), bu ni mangé qu'un coup et un morceau par-ci par-là en combattant, ni dormi que tout debout, vos cuirasses appuyées sur quelques étaux de boutiques ; et eussiez enfin succombé aux attaquements des ennemis de dehors, qui venaient de toutes parts au secours de cette ville, qui s'augmentaient journellement et pouvaient entrer facilement dedans, par un des quartiers d'icelle, nommé la Barre, que les habitants tenaient encore, et étaient après à percer la muraille pour cet effet ; tellement que tous les plus sages et considératifs serviteurs du roi de Navarre, prévoyant tous ces inconvénients, lui conseillaient, à tout moment de rassembler le plus de ses gens qu'il lui serait possible, monter à cheval, abandonner la ville et se retirer ; car tous vous autres, voiré lui-même, étiez si fatigués, et outre les blessures de plusieurs, aviez les pieds si écorchés et pleins de sang, que nul ne se pouvait quasi plus soutenir ; mais à toutes telles propositions de sa retraite, ce prince répondit toujours constamment et avec un visage riant, qui résolvait les cœurs les plus effrayés : « Il est dit là-haut ce qui doit être fait de moi en toute occasion, et partout souvenez-vous que ma retraite hors de cette ville, sans l'avoir conquise et assurée au parti, sera la retraite de ma vie hors de ce corps, y allant trop de mon honneur d'en user autrement ; et partant que l'on ne me parle plus que de combattre, de vaincre ou de mourir. »

Les choses étant en cette extrémité, il n'y a point de doute qu'elles allaient augmentant, lorsque M. de Choupes, qui avait été mandé pour se trouver à cette entreprise, et n'avait pu assembler ses troupes plus tôt, arriva aux portes de la ville, du côté où l'on était entré, ayant environ cent hommes bien armés et cinq à six cents arquebusiers, avec lesquels, sachant l'état déplorable où toutes choses étaient réduites, il fit de tels efforts contre icelle, contre le secours, assistés des moins las et blessés du roi de Navarre, qui, par son arrivée, avaient repris courage, qui tenaient encore, furent pris, toutes les courtines, tours et portaux de la ville garnis, le secours ennemi contraint de se retirer, et la ville entièrement conquise, au pillage de laquelle on ne s'épargna pas ; et, en votre particulier, vous gagnâtes, par le plus grand bonheur du monde, une petite boîte de fer, que nous croyons que vous avez encore, que vous baillâtes lors à l'un de nous quatre à porter, et, l'ayant ouverte, trouvâtes quatre mille écus en or dedans. Qui voudrait réciter toutes les particularités de cette surprise de ville et n'oublier rien des choses dignes de remarque qui y arrivèrent, tant au roi de Navarre qu'à chacun de vous autres messieurs les plus qualifiés, il s'en ferait un gros volume ; mais nous laisserons cela aux historiens, aussi bien que toutes les autres où vous n'avez point eu de part, soit par le moyen de l'emploi des mains ou de la bouche, ou des yeux ou des oreilles, votre but n'ayant été autre que de vous ramentevoir ce qui a passé par votre connaissance.

I

ROSNY DANS SES TERRES (1)

Pendant tout ce qui se passa au voyage du roi n Champagne et au siège d'Epernay, vous séjournâtes toujours à Rosny, vous y étant retiré tant pour vous faire panser du coup de pistolet que vous aviez eu dans la bouche, durant le siège de Chartres, lequel s'était apostumé, que pour quelque dépit que vous aviez, puis est-ce que le roi, sur l'opposition de M. de Nevers, de M. d'O et autres animés catholiques, avait été contraint de vous refuser les expéditions d'une lieutenance du roi, avec le gouvernement d'une place étant en icelle, dont il nous avait donné l'espérance.

Après lequel siège et prise d'Epernay, le roi licencia une bonne partie de ses troupes. Mais, lui

(1) Extraits des « *Economies royales de Sully.*

étant depuis venu avis certains de plusieurs côtés
que le prince de Parme rassemblait une nouvelle
armée, pour entrer la troisième fois en France, afin
de fortifier par sa présence et la crainte de ses
conseils et de ses armes, les délibérations qui se-
raient prises à l'avantage de son roi, dans les assem-
blées que l'on projetait de faire à Paris et autres
grandes villes de France, il se résolut de refaire
promptement un corps d'armée qui pût être capable d'empêcher ces étrangers d'entrer dans le
royaume. Et, pour cet effet, ayant comme à tous
les autres gouverneurs et lieutenants du roi dans
les provinces plus proches de lui, mandé à M. de
Buhy, lieutenant du roi au Vexin, de le venir trouver
avec le plus de cavalerie qu'il pourrait rassembler,
le dit sieur de Buhy vous vint voir à Rosny (où vous
passiez le temps, et adoucissiez vos plaies et vos dé-
pits à jardiner, arboriser, ménager, faire des extraits des meilleures livres, et vous faire lire ce que
nous avions fait de ces présents mémoires), lequel,
après quelques compliments et civilités, vous dit
qu'il avait reçu des lettres du roi qu'il vous voulait
montrer, par lesquelles il lui mandait de marcher en
diligence pour le venir trouver, et amener avec lui
toute la noblesse de son département, vous priant
de vouloir être de la partie.

A quoi, demi en colère, vous lui répondites qu'il
y avait longtemps que vous saviez aller tout seul,

et partant n'aviez plus besoin d'être mené, que le roi avait accoutumé de vous écrire quand il avait besoin de votre service; que si vous receviez de ses lettres, vous y aviseriez et feriez toujours votre devoir, et sur cela vous vous séparâtes mal satisfaits l'un l'autre; ce qui fut cause que le sieur de Buhy interposa un homme de robe longue, qui fut, ce nous semble, M. Miran, lequel à son arrivée, lorsque le roi lui demanda de vos nouvelles, lui répondit que vous étiez chez vous du tout porté à votre ménage, à jardiner, arboriser et visiter vos livres, sans vous émouvoir de tout ce que l'on vous pouvait dire. A quoi le roi repartit : « Il a donc bien changé d'humeur, car il n'a jamais manqué de se trouver aux occasions semblables à celle qui se prépare ; néanmoins, quoiqu'il s'excuse sur ses plaies, je connais bien où il lui tient; il est en colère contre moi, voire peut-être avec raison, et voudra dorénavant faire le philosophe; mais, lorsque je le verrai, je saurai bien accommoder tout cela, car je le connais. »

Tous lesquels discours vous ayant été rapportés un jour que vous étiez à table, donnant à dîner au président Séguier, lequel vous était venu voir à Rosny, vous dites en branlant la tête : « Il est vrai, je suis en colère de ce que le roi, de crainte de déplaire à des gens qui ne l'aiment point et qui lui en joueront d'une, à ceux qui l'aiment plus qu'eux-mêmes, et qui ont tant de fois répandu leur sang et hasardé leur vie pour garantir la sienne, et qui feront toujours mieux que ceux que l'on essaye de contenter à leur préjudice, comme, si ce que l'on dit est vrai, il en fera bientôt l'expérience. » Sur quoi le président Séguier ne repartit jamais autre chose, sinon : « Monsieur, il semble que vous soyez un peu en colère, nous sommes en un temps auquel il est bien difficile de vivre en tranquillité d'esprit, mais les plus sages useront de silence et de patience, sous l'espérance d'un meilleur siècle; et le roi est si loin et si sage, que Dieu lui aidera et le rendra notre restaurateur. »

Vous séjournâtes donc quelques mois à vous faire panser ; mais sitôt que votre plaie fut aucunement consolidée, ne haïssant rien tant que l'oisiveté, vous montâtes à cheval, avec cinquante de vos compagnons, et vous en allâtes courir sur les chemins de Paris à Dreux et à Verneuil.

II

CHOIX DE MAXIMES DE POLITIQUE

Commençant par les maximes qui sont de plus nécessaire observation à tous rois et princes, pour bien
régir et gouverner leurs États, et faire prospérer
leurs desseins et entreprises, je dirai à Votre Majesté :

Premièrement, qu'ils doivent aimer Dieu de tout
leur cœur, et exercer humanité envers tous hommes,
mais principalement envers ceux dont ils ont le ré-
gime et gouvernement.

Plus, qu'ils soient hommes d'entendement et de
courage, et qu'ils tournent leur vraie vertu en une
habitude, usage et longue pratique.

Plus, qu'ils rendent leurs promesses et leur foi
inviolables ; et pour cet effet, qu'ils regardent bien
ce qu'ils peuvent avant de le promettre.

Plus, qu'ils aiment l'honneur et la réputation du monde, et que, pour l'acquérir, ils aient, non seulement intérieurement les parties nécesaires pour y parvenir, mais qu'ils en rendent des témoignages extérieurs en toutes leurs actions, faits, dits, paroles, contenances et mouvements de leur esprit et de leurs corps, d'autant plus que sur iceux se forment les jugements plus universels, comme étant exposés à la vue de tous.

Plus, qu'ils soient soigneux de bien reconnaître les parties dont leurs dominations sont composées afin de diversifier la forme des régimes, ménagements et usages d'icelles, selon leurs diverses dispositions et subsistances.

Plus, qu'ils fassent le semblable des esprits et des personnes qui leur sont soumises et assujetties et fassent sur eux et leur naturel et inclinations semblables réflexions ; la mode d'agir et de prendre les temps à propos étant des plus excellents ingrédients qui entrent en la composition des opérations et bon succès des entreprises.

Plus, ils doivent essayer de savoir quelles sont toutes les dominations des autres rois et potentats, leurs situations, étendues, consistances, défaut, abondances, forces, faiblesses, intérêts, amitiés et associations.

Plus, qu'ils sachent les diverses factions qui sont ou se forment entre leurs voisins, et à laquelle de toutes il leur peut être le plus honnête, utile et honorable de s'allier.

Plus, qu'ils ne témoignent point de haines envenimées contre qui que ce puisse être, mais d'être toujours disposés à toute honnête réconciliation.

Plus, qu'ils ne forment jamais de hauts desseins ni de grandes entreprises sans longues précédentes méditations, consultations de leurs plus certains et confidents amis, et en avoir balancé les utilités avec les dommages qui s'en peuvent espérer ou appréhender.

Plus, qu'ils sachent que, pour faciliter les hautes entreprises contre des potentats, autant ou plus puissants qu'ils ne sauraient être, ou se défendre de leurs attaquements, il est bien dangereux d'entrer dans une telle guerre ou de la soutenir seuls, et se souvenir qu'elles sont sujettes à de grandes dépenses et à de bien tardifs profits et contentements.

Plus, que tous rois et potentats dominent sur leurs propres sujets avec de telles égalités proportionnelles, qu'elles ne confondent point les qualités ni les conditions des personnes, et fassent paraître à tous une équanimité, douceur et attrempance.

Plus, qu'ils essayent de bannir l'oisiveté de leurs États, et de faire en sorte que leurs sujets soient toujours occupés en choses utiles ou, pour le moins, honnêtes et bienséantes, de crainte qu'ils ne s'adonnent au mal.

Plus, que c'est une des maximes d'État la moins abusive, que, quand les souverains négligent de faire les rois, laissant l'intelligence et la disposition des affaires importantes à leurs officiers, et se délectent en l'assiduelle occupation de celles de néant, qu'ils ne manqueront jamais de valets, qui se plairont bien fort à faire entre eux un tel partage.

Plus, que c'est une opinion fort commune dans le monde qu'il y a beaucoup plus de fous que de sages, et, par conséquent, lorsque l'on veut juger avec certitude quelles seront les délibérations de ceux avec lesquels l'on a quelque chose à démêler, faut considérer non point tant ce que ferait un habile homme, que la nature de ceux desquels dépend la délibération.

Plus, que c'est un défaut très grand que de mesurer les grands desseins avec des règles tant raccourcies, qu'étant posées sur iceux, elles n'en puissent atteindre les deux bouts.

Plus, qu'autant que l'on doit souhaiter d'avoir d'heureux succès aux hautes entreprises, autant doit-on bien prendre garde à n'en abuser pas, en les attribuant à son esprit subtil et à sa bonne fortune, comme s'il avait contracté société inaltérable avec la félicité.

Plus, que la continuation des succès bienheuroux des hautes entreprises rendant ordinairement les hommes arrogants, ils se persuadent facilement que la fortune même leur est assujettie; et, cette opinion leur étant tournée en habitude par le moyen des déférences sans répliques, et louanges immodérées de leurs adulateurs, ils deviennent incapables de recevoir conseil, et faut que leurs caprices soient pris pour raisons, exécutées sans contradiction, comme oracles du Ciel.

Plus, que qui voudra bien régler ses premiers mouvements, qu'il n'oublie jamais le naturel des hommes, qui est de tout désirer et n'en pouvoir pas la moitié; car toujours les souhaits excèdent la raison et souvent la puissance, l'espoir étant au cœur jusqu'au dernier soupir.

Plus, que c'est une grande imprudence de vouloir tout à coup, par lois réformatives, arracher des abus et des corruptions de longtemps établis par un titre si puissant que celui de l'usage et de la coutume, qui ont des cheveux gris.

Plus, que tout monarque qui veut haïr l'ambition, qu'il n'oublie jamais qu'elle a l'aile si légère, les pieds si prompts et l'appétit si grand, que tout ce qu'elle tient lui semble inférieur à ce qu'elle souhaite.

Plus, que sous un gouvernement ou prince vicieux et malin, les hommes vertueux languissent et ne vivent pas.

Plus, que c'est l'ordinaire des hommes, surtout

des nations qui ont l'esprit vif et prompt, de médire
du prince et de blâmer ses actions au moindre dépit
qui prend ; mais, s'il y survient danger, nul ne pense
à autrui, mais pour se garantir il trahit son ami.

Plus, que les supérieurs et administrateurs d'État
ne doivent s'étonner pour nulle médisance, si
elle est sans sujet ; car, ayant le cœur net et les
actions bonnes continuellement, tous faux bruits
cesseront.

Plus, qu'il n'y a rien qui soit si inconsidéré, té-
méraire et léger qu'une tourbe de peuple ; car son
humilité, en voyant le danger, est trop basse et
abjecte ; et par trop arrogante et outrecuidée, si
elle pense avoir la puissance en la main.

Plus, que la plupart des hommes, dans les saisons
douteuses et les incertitudes, estiment les devoirs,
les droits, le parentage et la société, plus par les
bons succès et bonnes espérances que par les biens
reçus, la foi ni la vertu.

Plus, que les vertus éminentes suscitent bien
plutôt la haine des malins qu'elles ne leur donnent
l'envie de les posséder ni le désir de bien faire.

Plus, que les esprits fort aigus, les pointes affi-
lées font ordinairement de telles diligences à tort et
à travers, que, si le jugement y veut prendre la
place, il sera rebuté.

Plus, que la diligence et la hâtiveté procèdent
bien souvent d'une pareille source, mais qu'elles ont

des ruisseaux qui sont bien différents; car l'une
veut ouïr par le jugement avant que de s'avancer,
et l'autre court toujours sans écouter personne.

(Extrait des *Économies Royales* de Sully).

I

LETTRE DE HENRI IV A ROSNY POUR L'EMPÊCHER DE MARCHANDER LA NORMANDIE A VILLARS

« Mon ami, vous êtes une bête d'user ainsi de tant de remises et apporter tant de difficultés et de ménage en une affaire de laquelle la conclusion m'est de si grande importance, pour l'établissement de mon autorité et le soulagement de mes peuples. Ne vous souvient-il pas des conseils que vous m'avez tant de fois donnés, m'alléguant par exemple celui d'un certain duc de Milan au roi Louis XI, au temps de la guerre nommée du Bien public, qui était de séparer par intérêts particuliers tous ceux qui étaient ligués contre lui, qu'est ce que je veux essayer de faire maintenant, aimant beaucoup mieux qu'il m'en

coûte deux fois autant en travaillant séparément
avec chaque particulier que de parvenir à mêmes
effets par le moyen d'un traité général fait avec
un seul chef. Partant, ne vous amusez plus à faire
le respectueux pour ceux dont il est question, lesquels nous contenterons d'ailleurs, ni le bon ménager, vous arrêtant à de l'argent : car nous payerons
tout des mêmes choses que l'on nous livrera, lesquelles s'il nous fallait prendre par la force nous
coûteraient dix fois autant. Concluez au plus tôt
avec M. de Villars. Puis, lorsque je serai roi paisible,
nous userons des bons ménages dont vous m'avez
tant parlé et pouvez vous assurer que je n'épar-
gnerai travail, ni ne craindrai péril pour élever ma
gloire et mon État en leur plus grande splendeur.

« Adieu, mon ami. »

II

LETTRE DE HENRI IV A ROSNY LE 15 AVRIL 1596

« Je vous veux bien dire l'état où je me trouve réduit, qui est tel que je suis fort proche des ennemis et n'ai quasi pas un cheval sur lequel je puisse combattre ni un harnais complet que je puisse endosser. Mes chemises sont toutes déchirées, mes pourpoints troués au coude, ma marmite est souvent renversée, et depuis deux jours je dine et je soupe chez les uns et les autres, mes pourvoyeurs disant n'avoir plus moyen de rien fournir pour ma table, d'autant plus qu'il y a plus de six mois qu'ils n'ont reçu d'argent. Pourtant, jugez si je mérite d'être ainsi traité et si je dois plus longtemps souffrir que les financiers et trésoriers me fassent mourir de faim, et qu'eux tiennent des tables friandes et bien servies. »

10368. — Tours, imp. Rouillé-Ladevèze, rue Chaude, 6.

Paul GAFFAREL

Doyen de la Faculté des lettres
de Dijon.

*Les Explorations françaises de
1870 à 1871,* — avec gravures
dans le texte et six cartes géogra-
phiques.

(*Prix Jomard décerné par la
Société de Géographie.*)

André GATTEYRIAS

De l'Ecole des langues orientales

A travers l'Asie Centrale, — avec
gravures dans le texte.

Paul GUILLAUME

Professeur agrégé des sciences
physiques.

Les Entrailles de la Terre, —
avec gravures dans le texte.

Dr E. HONSZ

Hygiène publique et privée, — avec
gravures dans le texte.

Léon HUGONNET

La Grèce nouvelle.

Jean LAROCQUE

L'Angleterre et le Peuple Anglais,
— avec une carte d'Angleterre.
La Grèce au siècle de Périclès,
avec gravures.

M. MOREL

Commis principal des Télégraphes

La Télégraphie, — avec nom-
breuses gravures dans le texte.

Maurice PELISSON

Agrégé des lettres.

*Les Romains au temps de Pline le
Jeune.* — Leur vie privée.

Maxime PETIT

Les Pays Scandinaves, — avec
gravures.

A. PIZARD

Agrégé d'histoire
Inspecteur d'Académie

La France en 1789 (la société, le
gouvernement, l'administration);
avec deux cartes des gabelles et
des traites d'après Necker.
*Les Origines de la Nation Fran-
çaise,* — des Gaulois à Charle-
magne.

Raoul POSTEL

Ancien magistrat à Saïgon

L'Extrême Orient. — Cochin-
chine, Annam, Tong-Kin, —
avec gravures dans le texte.

Mme RATTAZZI

Le Portugal à vol d'oiseau.

Envoi franco